CATALOGUE

DE

TABLEAUX,

LA PLUPART DES ÉCOLES

FLAMANDE ET HOLLANDAISE,

ET PROVENANT DE L'ÉTRANGER,

DONT LA VENTE AURA LIEU

Le Lundi 14 et Mardi 15 Mars 1836, à midi,

HOTEL DES VENTES MOBILIÈRES,

PLACE DE LA BOURSE, N° 2,

GRANDE SALLE DES OBJETS D'ART,

Par le ministère de M° BENOU, Commissaire-Priseur,
rue Taranne, 11 ;

Avec l'assistance de M. GEORGE, Commissaire-Expert-Adjoint
du Musée royal, rue de Condé, 24.

———————◆◦◆———————

EXPOSITION PUBLIQUE LE DIMANCHE 13, DE MIDI A 4 HEURES.

———————◆◦◆———————

LE PRÉSENT CATALOGUE
SE DISTRIBUE AUX ADRESSES CI-DESSUS.

—

1836.

AVERTISSEMENT.

Les Tableaux composant cette collection proviennent de l'étranger : ils ont donc d'abord pour eux l'avantage de la nouveauté. Mais un autre avantage, assurément bien préférable, c'est le goût et le choix qui ont présidé à leur acquisition.

Nous annonçons notre exposition comme une des plus intéressantes de cette année, ne doutant pas qu'elle ne soit visitée avec plaisir par MM. les Amateurs et Marchands, et espérant aussi qu'ils prendront à cette vente tout l'intérêt qu'elle mérite.

Nous croyons devoir prévenir qu'une vingtaine de tableaux, étrangers à cette collection, ont été ajoutés à la vente. Le possesseur étant bien franchement résolu de s'en défaire, nous avons pensé que cela ne nuirait en rien, aux intérêts de notre principal commettant, ni à la faveur dont le public pourra accueillir cette collection.

CATALOGUE

DE TABLEAUX,

LA PLUPART DES ÉCOLES

FLAMANDE ET HOLLANDAISE.

Ecole Italienne.

ALBANE (D'après).

1. Le repos de Vénus. Elle est entourée de trois Amours qui veillent sur elle pendant son sommeil. Le fond représente un paysage.

CARRACHE (École des).

2. Le Christ mort, sur les genoux de Marie. Près de lui, sont deux Anges, dont l'un lui baise les mains, et l'autre tient la couronne d'épines.

GUASPRE.

3. Paysage pittoresque fait au premier coup. Sur le premier plan, au bord d'un rivage, on remarque un berger gardant un troupeau de moutons.

TEMPESTE.

4. Paysage d'Italie vu au déclin du jour. L'obscurité s'étend déjà sur les premiers plans, tandis qu'au loin, une montagne volcanique vomit

une flamme répandant une clarté vive sur toutes les parties qui en reçoivent la lumière. Sur le devant, on voit plusieurs figures de pâtres et un troupeau.

MARATTE (Carle).

5. Une sainte Famille. La Vierge assise au milieu du sujet, regarde avec bonté saint Joseph, qui est à sa droite, appuyé sur un bâton. Leur divin Fils s'amuse à lire dans un livre placé sur les genoux de Marie. Ce tableau a été gravé plusieurs fois, c'est un ouvrage du plus beau faire et du meilleur temps de Carle Maratte.

Ecoles flamande et hollandaise.

AFFETEN (Van).

6. Un petit tableau d'un effet piquant; il représente un fumeur contant fleurette à une jeune femme qui le regarde en souriant, tandis qu'elle se dispose à boire un verre de vin.

7. De bons paysans flamands, rassemblés dans une chambre rustique, se divertissent à manger de la soupe au lait.

ASSELYN (Jean).

8. Sous les antiques voûtes du Colysée, des curieux sont arrêtés près de trois dessinateurs et les regardent travailler.

BACKUYSEN (LUDOLPH).

9. Des couches de nuages épais, étendues sur tout le ciel, font croire que le jour va se changer en nuit; c'est le présage d'un violent et prochain orage. Aussi les flots de la mer commencent-ils à se soulever; un dernier rayon de lumière, qui les éclaire, produit un effet vrai et singulièrement piquant. Plusieurs bâtimens sont placés à des distances plus ou moins éloignées.

Backuysen est inimitable dans ces sortes d'effets, il a mieux connu que tout autre ces oppositions heureuses qui contribuent tant à l'illusion que produisent ses tableaux.

BELLEVOIS.

10. Deux grandes marines représentant des ports de mer, au moment de l'arrivée et de la sortie de vaisseaux de guerre.

BENT (JEAN VANDER).

11. Le devant de ce paysage offre une belle pelouse, où l'on voit un pâtre avec un troupeau composé de deux vaches, un baudet, cinq brebis et trois pourceaux. Derrière ce premier plan coule une rivière, passant à gauche sous un pont flanqué d'une tourelle. Deux bateaux marchands sont amarrés près le rivage; une barque chargée de bétail et de deux passagers traverse le fleuve, au-delà duquel se présente une campagne montagneuse et boisée.

BERGEN (DIRCK VAN).

12. Un paysage pittoresque, dans lequel on remarque des animaux de diverses espèces, gardés

par une ménagère tenant son enfant dans ses bras.

BERKHEYDEN (GUÉRARD).

13. Ce tableau représente l'abbaye de Volsteer et ses dépendances, dans les Pays-Bas. Le premier plan est garni d'une pelouse où se trouvent plusieurs groupes d'animaux et quelques jolies figures, dont une fermière occupée à traire une vache.

BRIL (PAUL).

14. Grand paysage : à droite, l'entrée d'une forêt; à gauche, la vue d'un vaste pays avec villages, rivières et montagnes. Sur le devant, le sujet de Vénus et Adonis, figures peintes à l'imitation du Titien.

CARRÉ (MICHEL).

15. Paysage pastoral. Près de son troupeau, on voit une villageoise tenant un papier à la main, et paraissant chanter; un pâtre l'accompagne avec sa flûte.

CHAMPAGNE (JEAN-BAPTISTE).

16. Deux tableaux. Un Christ tenant un lis à la main, et une Vierge occupée à une lecture sainte : figures en pied.

COLONIA.

17. L'annonce aux bergers. Ils sont, pour la plupart, prosternés devant l'ange du Seigneur, qui vient leur annoncer la naissance du Messie. De beaux groupes d'animaux, d'une exécution savante et d'une belle couleur, enrichissent

cette composition, l'une des plus capitales que l'on connaisse de ce peintre.

18. Un autre petit tableau attribué au même peintre, mais qui nous semble d'une exécution plus soignée. Il représente la sainte Famille en voyage, dans un petit paysage vu au crépuscule du soir.

DYCK (VAN).

19. Jésus-Christ expirant sur la croix. Cette image de la douleur est rendue avec beaucoup d'art.

DYCK (École de VAN).

20. Le Christ, couronné d'épines, représenté à mi-corps et entouré de deux de ses bourreaux.

21. Deux petites grisailles. Portraits d'hommes du temps de Louis XIII.

GLAUBER et LAIRESSE.

22. Joli paysage historique, enrichi de beaux et nombreux détails. Un groupe de charmantes figures, par Gérard de Lairesse, animent le premier plan de cette aimable et savante production.

GOES (HUGES VANDER).

23. La Vierge, assise sur l'entablement d'un mur à hauteur d'appui, tient un livre dans la main droite, et soutient de la gauche l'enfant Jésus sur ses genoux. A la droite, et un peu en arrière de son épouse, saint Joseph est debout, appuyé sur son bâton. La personne en costume d'église prosternée devant le Fils de Dieu et lui présentant des cerises, est, sans doute, le Donataire, que le peintre, par flat-

terie aura représenté sous une forme angé-
lique. Le fond offre un paysage d'une grande
richesse de détails.

Ce tableau n'est pas un Van Eyck, et cependant
il est bien supérieur à la plupart des ouvrages qu'on
voit fréquemment lui attribuer. N'est-ce pas le cas
d'observer qu'un vrai tableau de Van Eyck est une
chose remarquable et aussi difficile à se procurer
qu'une production des plus grands peintres italiens.
Faute d'en voir et d'en posséder, choisissons au
moins les bons tableaux de son école, et ne les con-
fondons pas avec tous ces mauvais gothiques de
peintres très-médiocres, même de leur temps.

GONZALES COQUES (Attribué à).

24. Deux petites filles venant de cueillir des fleurs.
Jolies figures, pleines de cette candeur et naï-
veté que donne l'enfance.

GOYEN (Jean Van).

25. Paysage-marine, d'un aspect riant et d'une composition des plus pittoresques. Il offre la vue
d'un village masqué en partie par de grands
arbres; plusieurs personnes, un cavalier, et
un chariot sont arrêtés devant une hôtellerie.
Un bateau chargé de passagers traverse la rivière.

On admire dans ce charmant paysage le goût et
l'esprit qui distinguent tous les ouvrages de Van
Goyen, la prestesse et la légèreté de son pinceau.
Mais ce qui le recommande surtout, c'est le rare
avantage d'être conservé dans son coloris.

26. Au-delà d'un fleuve qui couvre tout le devant
du tableau, on voit une tour carrée et quelques maisons indiquant l'entrée d'une ville.
Des figures et des bateaux animent cette composition.

27. Une mer légèrement agitée, chargée d'un bateau de pêcheur et autres bâtimens.

GROETVELT (VAN, peintre moderne hollandais).

28. Deux chasseurs, attablés dans un cabaret, causent et boivent avec leur jolie hôtesse. Agréable composition peinte à l'inspiration des ouvrages de Schalken.

GROT-VOL.

29. Un hiver; le sol est couvert de neige, d'arbres et fabriques; à droite du premier plan se trouvent des chasseurs, suivis de valets et de chiens; ils se disposent à courir la campagne.

GRYF (Genre de).

30. Un coq de bruyère, des perdreaux et perdrix suspendus à un clou, ou placés sur une table de marbre.

HEEM (DAVID de).

31. Une table, couverte d'un tapis vert, sur laquelle sont posés des plats garnis de pêches, raisins, amandes et noisettes, deux verres, deux coque-mars, un coquillage, une montre et une ser-viette; on voit, sur un autre meuble, des roses, un citron et un grand verre à vin du Rhin.

HOET (GÉRARD).

32. Deux tableaux; l'un représente une réunion de jeunes filles sur le bord d'une rivière; elles se baignent ou s'occupent à rassembler des fleurs. L'autre offre un paysage coupé par un pont et traversé par une rivière, on y voit plusieurs figures et un palfrenier conduisant trois che-vaux à l'abreuvoir.

HUGTENBURGH (JEAN VAN).

33. Bataille de Belgrade. L'aigle impériale, placée sur un arbre, indique la présence du prince Eugène de Savoie, commandant une charge contre la cavalerie ennemie; au-delà de la Save, les Turcs ayant attaqué le camp des Impériaux, sont repoussés de tous côtés; à gauche, on aperçoit la ville de Belgrade et le Danube, dont on suit le cours, jusques vers les montagnes éloignées qui terminent le point de vue.

34. Bataille de Luzzara, donnée en 1702, entre les troupes françaises, commandées par le maréchal de Vendôme, et les troupes impériales, commandées par le prince Eugène de Savoie. Le moment est celui où les deux corps d'armées sont aux prises; une mêlée de cavalerie et d'infanterie occupe le premier plan; les lointains offrent les vastes plaines des environs de Mantoue, et le Pô qu'on découvre dans une longue étendue.

> Ces deux tableaux sont cités dans les auteurs qui ont parlé des ouvrages d'Hugtenburgh; ils faisaient partie d'une suite de dix batailles qui lui avaient été commandées par le prince Eugène.

KABEL (ADRIEN VANDER).

35. Paysage traversé par une rivière chargée de bateaux; nombre de jolies figures sont occupées à décharger des marchandises.

KAREL DU JARDIN (Attribué à).

56. Le Christ entouré de ses bourreaux est l'objet de leurs insultes et mauvais traitemens.

KESSEL (JEAN VAN) Père.

37. Mille fleurs diverses des jardins et des champs,

plus remarquables l'une que l'autre par la fraîcheur et l'éclat, sont réunies dans un vase de terre, orné de bas-reliefs et de médaillons.

KESSEL (Nicolas Van).

38. Paysage traité à la manière d'Hobbema, offrant la vue d'un village entouré d'arbres; le devant est baigné par une rivière traversée par un pont, sur lequel passe un homme conduisant un âne; deux pêcheurs sont arrêtés au bord du rivage.

KIERINGS (Alexandre).

39. Intérieur d'un bois planté d'arbres de différentes espèces, et animé de toutes sortes d'animaux, quadrupèdes et oiseaux; le devant est garni de plantes d'une exécution précieuse et d'une grande vérité de forme, qualités dont tout le paysage est empreint.

KIERINGS, et Henry Van Balen.

40. Dans un magnifique jardin hollandais, orné de fleurs, de fruits et de plantes de toutes espèces, Van Balen a représenté la Vierge tenant l'enfant Jésus, à qui trois anges viennent offrir des fleurs.

> Ce tableau, fort remarquable par l'exécution et la richesse de ses détails, est aussi d'une rare conservation. Les figures sont d'un dessin correct, pleines de charme et de goût; le coloris en est brillant et d'une grande fraîcheur.

KLOMP (Albert).

41. Le pâturage; un beau taureau noir et blanc, une vache, un veau, des boucs et des brebis paissent dans une prairie devant la lisière d'un bois.

Ce charmant tableau est un de ceux où le peintre a pris à tâche de se rapprocher des ouvrages de Paul Potter; il possède encore l'avantage d'être resté sur sa toile vierge, dans un état de conservation qui sera apprécié des amateurs.

LINGELBACH (Jean).

42. Au milieu d'uu champ de foin, des villageois sont occupés à charger une charrette, attelée de deux chevaux; un jeune garçon, assis sur le timon, joue avec son chien; un homme, ayant sa femme en croupe, est monté sur un cheval blanc; d'autres se reposent.

Tableau bien peint et d'un bon ton de couleur.

MANS (François).

43. Le point de vue d'un beau village de Hollande, situé au bord d'un fleuve, dans lequel il se reflète; une multitude d'habitans, attendant, sur le rivage, le retour de barques dont la rivière est couverte.

Riche composition des plus capitales de ce maître.

MILÉ (Francisque).

44. Paysage d'Italie, montrant un site montagneux et très-varié dans sa composition, une rivière en arrose le centre et tombe en cascade vers le premier plan.

MOL (Van).

45. Tête de Madeleine pénitente, éclairée par une lumière vive et bien sentie.

MOMMERS.

46. Devant l'entrée d'une ville, entourée de hautes murailles, une femme montée sur un âne,

chasse devant elle un troupeau de gros et menu bétail ; elle est suivie par un homme qui joue de la musette.

47. Laitières occupées à traire leurs troupeaux, dans une campagne des environs de Rome.

Ce bon tableau est d'une exécution plus large et plus hardie que ne le sont d'ordinaire les ouvrages de cet artiste.

NEEFFS (Manière de Peeter).

48. Intérieur d'une église, offrant la vue d'une partie de la grande nef et d'une chapelle latérale de gauche, où l'on remarque un prêtre à l'autel et des fidèles qui l'écoutent.

NEER (Adrien Vander).

49. Paysage au clair de lune ; il est divisé par un fleuve chargé de plusieurs bateaux. Des villages meublent les rives ; un pêcheur est arrêté sur le premier plan.

Vander Neer peut être appelé le peintre des nuits ; il n'a été égalé par personne dans cette sorte de représentation.

OMMEGANCK.

50. Deux jeunes paysannes, accompagnées d'un petit garçon, viennent de traire des vaches ; elles gardent encore trois brebis, une chèvre, une autre vache et deux moutons. Ce paysage offre à droite, la vue d'un vieux château bâti en briques ; c'est l'ouvrage d'un nommé J.-C. Lebrun, qui l'aura, sans doute, exécuté à la demande d'un ancien propriétaire de ce tableau, que nous annonçons comme étant de la première manière de son auteur.

PARÉJA (Jean).

51. Une société de la plus haute distinction se trouve rassemblée à l'entrée d'un jardin, devant un perron très-élevé. Les cavaliers et les dames, en costume espagnol, sont rangés de chaque côté d'une pelouse servant de salle de danse. Des musiciens, des valets portant des rafraîchissemens, d'autres gens de service et des curieux concourent à enrichir cette agréable composition, d'un mérite non douteux, sous le rapport de la couleur, du goût, et de la facilité de l'exécution.

POEL (Vander) et David TENIERS.

52. Intérieur de hangar, où l'on voit plusieurs animaux, une multitude d'ustensiles de cuisine et autres attirails de ménage. Quelques-uns de ces accessoires nous paraissent retouchés par David Teniers, qui s'est plu à orner cet ouvrage de trois figures dignes de son pinceau.

ROMEYN (Wilhelm Van).

53. Au milieu d'une campagne, dont les premiers plans sont couverts de belles et larges plantes bien dessinées, un berger garde un troupeau de chèvres et de bœufs.

RUBENS (École de).

54. Salomé, fille d'Hérodiade, présente à Hérode la tête de saint Jean, qu'elle porte dans un plat.

RUYSDAEL (Jacques).

55. Marine. Une grande barque de passagers traversant un fleuve qui s'étend jusques à l'horizon,

où l'on aperçoit plusieurs villages avec des moulins à vent. D'autres barques, un bateau de pêcheur mis à l'amarrage, et quelques paniers meublent le devant de la composition. Le ciel est brillant et légèrement couvert de nuages. Ce tableau n'est qu'une étude, mais une étude savamment peinte et d'un bel effet.

SCHALKEN (Genre de GODEFROY).

56. Jeune fille représentée sur l'appui d'une fenêtre, tenant une bougie allumée et arrosant une plante placée dans un vase de terre.

SCHELLINCKS (DANIEL).

57. Paysage. Plusieurs arbres s'élèvent devant deux grandes montagnes rocailleuses et escarpées qui s'étendent de gauche à droite. De leur base s'échappe une chûte d'eau coulant en rivière sur le premier plan. Un pâtre la traverse avec son troupeau. Deux voyageurs fatigués se reposent à droite, sur l'avant-scène du tableau.

> Un traitement large et facile, une parfaite entente de lumière, un bon ton de couleur, rappellent les ouvrages de Both et de Pynacker que ce peintre doit avoir étudiés.

TENIERS (DAVID).

58. Vue d'un ermitage situé au bas de hautes montagnes couvertes d'arbres, de broussailles et d'arbrisseaux. A l'avant-scène, deux bons ermites, assis sur des pierres, méditent sur la lecture d'ouvrages de piété. Près d'eux sont des livres, une tête de mort, une montre ancienne et d'autres objets touchés avec un esprit et une finesse inimitables. Le principal mur du

monastère reçoit une lumière vive, qui se reflète sur quelques accessoires; tout le reste du
tableau en est privé et tenu dans une demi-
teinte ménagée. Cette opposition produit un
de ces effets étonnans qui attirent et fixent les
regards, sans qu'ils puissent se détacher de
cette attrayante peinture.

TENIERS (Genre de).

59. Non loin d'un village, à peu de distance d'une
hôtellerie, des paysans flamands sont occupés
à la récolte des blés. Quelques-uns, attablés
devant la porte du cabaret, se délassent de
leurs travaux en se livrant au plaisir de boire
et fumer, ou prenant part à une partie de
boules.

C'est dommage que ce tableau ait souffert; il est
d'un bel aspect.

TENIERS (Belle imitation de).

60. Kermesse flamande. Plus de cinquante personnes,
hommes, femmes et enfans, sont rassemblées
au milieu d'une place, bordée, à droite et à
gauche, par deux rangées de boutiques. Toutes
ces bonnes gens respirent une joie naïve et
pure; leurs caractères, leurs gestes, leurs actions
produisent des scènes autant variées que na-
turelles qui rendent cette composition des plus
agréables.

TENIERS (Abraham).

61. D'ordinaire les hommes boivent et les femmes
chantent. Ici, c'est la femme qui tient le pot à
bière, et son mari qui pince de la guitare; dans
le fond de la chambre, on voit d'autres personnes qui jouent aux cartes.

La restauration de ce tableau lui fait infiniment de tort; on ne peut le juger que par la figure principale, qui est bien conservée; elle prouve qu'Abraham Teniers était un peintre de mérite.

VEEN (Pierre Van).

62. Syrinx implore les Nayades ses sœurs, de lui faire prendre une autre forme, pour la soustraire aux poursuites du dieu Pan.

Les ouvrages de ce peintre sont peu connus; il s'est appliqué, comme Jean Breughel et Kierings, à rendre avec soin et exactitude les détails de ses paysages. Celui-ci intéresse encore, à cause de ses figures, qui sont très-agréablement traitées, à l'imitation de Rubens.

VRIES (Régnier de)

63. Habitations rustiques, entourées d'arbres, et situées près d'un canal, où l'on voit un pêcheur dans un bateau.

WILLAERTS (Adam).

64. La gauche du point de vue est occupée par la mer; la droite, par les dunes de Schevveningh; c'est l'heure du reflux, nombre de personnes en profitent pour venir se promener sur la plage. Ces figures ont du rapport avec Palamèdes.

WOUWERMANS (Pierre).

65. Près d'une cabane, placée sur une des dunes de Schevveningh, plusieurs marchands de poissons se sont arrêtés pour traiter du prix et de la vente de leur marchandise.

Ecole française.

BONNEL (M°).

66. Vue des environs de la ville de Caen; une rivière, des fabriques, quelques figures et des animaux occupent les divers plans de ce paysage, qui offre l'un des plus beaux sites de la Normandie.

COYPEL.

57. Les noces de Gamache, sujet fidèlement rendu d'après la description de Michel Cervantes, dans son roman de Don Quichotte.

GREUZE (Jean-Baptiste).

68. Dessin estampé au crayon rouge et noir; première pensée du tableau de la Magdeleine, exécutée de grandeur naturelle.

GREUZE (Genre de)

69. Jeune fille tenant un chien dans ses bras.

MALBRANCHE (M°).

70. Paysage par un temps de neige, orné de fabriques, figures et animaux.

MIGNARD (Nicolas).

71. Sainte Cécile, assise sur des nuages et les yeux fixés vers le ciel, chante les louanges du Seigneur, en s'accompagnant de sa lyre. Le Saint-Esprit, sous la forme d'une colombe,

plane au-dessus de sa tête. Composition agréable, prise d'après le Dominiquin.

VERNET (JOSEPH).

72. Marine avec effet d'orage. La mer est agitée et les vagues en furie vont se briser contre une falaise située à gauche du point de vue. Un vaisseau vient d'échouer contre ces rochers; on n'en apperçoit plus que le haut des mats. Sur le premier plan, des matelots tirent avec force une corde attachée à une barque qu'ils veulent amener à l'amarrage. Dans l'éloignement, on remarque un port de mer.

73. Une mer calme. La vue en est prise aussi vis-à-vis d'un port. Sur le devant, on voit une barque et plusieurs figures. Ces deux tableaux sont de même dimension et peints en Italie.

PAR ET D'APRÈS DIFFÉRENS MAITRES.

74. Un paysage, par *Fouquières.*

75. Un Baladin se donnant en spectacle devant des paysans.

76. Un Christ et une Madeleine, d'après *Lebrun.*

77. Saint François en extase, accompagné de deux moines de son ordre.

78. Marine, à l'imitation de *Ruysdael :* effet de coup de vent.

79. Intérieur d'école, par *P. Van Hoft.*

80. Plusieurs grands et petits bâtimens voguant à

pleines voiles sur une mer agitée; manière *de Kuyp.*

81. Saint Louis en grand costume, vu de trois quarts et à mi-corps. Ecole *de Rembrandt.*

82. Une Annonciation. Même école.

83. Un guerrier, vu à mi-corps et coiffé d'un casque.

84. Un ermite en lecture. Ecole de *Gérard-Dow.*

85. Un intérieur; genre de *Bilcoq.*

86. Une jeune femme, vue de trois quarts et à mi-corps, la gorge en partie découverte; par M. *Dorcy* (de Dreux).

87. Halte de cavalerie devant une auberge, située dans une campagne; par *Duplessis-Bertaux.*

Bon tableau de ce maître.

88. Un avare comptant ses pièces d'or. École de *Gérard-Dow.*

89. Divers animaux réunis dans un pâturage, et gardés par un pâtre qui caresse un mouton. École moderne hollandaise.

90. Un jeune pâtre assis sur une pelouse, gardant des bestiaux dans un pâturage.

91. Une ménagère hollandaise occupée à peler des poires; elle est assise dans sa cuisine, abondamment approvisionnée de légumes, fruits, poissons et nombre d'autres objets.

Portant le monogramme F. V. S.

92. Paysage pris au moment d'un coup de vent; il est arrosé par une rivière et orné de diverses figures. Ecole de *Vernet.*

93. Paysage historique représentant le camp d'Othon. La femme d'un de ses courtisans subit l'épreuve de l'eau et du feu, pour prouver l'innocence

de son mari injustement condamné à mort. Tableau peint sur ardoise.

94. Un grand tableau représentant l'Abondance et l'Industrie. Ecole de *Rubens.*

95. La fuite en Egypte. Même école.

96. Une figure de femme représentant la Foi; elle tient un vase dans la main droite. Ce morceau est d'un style sévère et d'un beau caractère. Par *Le Bronzin.*

97. Une annonciation; composition empruntée à Raphaël, par un peintre de l'ancienne école des Pays-Bas.

98. Une sainte famille; attribué à Raphaelino Del Garbo.

99. Femme du temps de Louis XIII; portant une robe de satin noir et un jupon rouge. Elle est entourée de ses trois enfans : l'aîné est appuyé sur une chaise, couverte en cuir et à bois torses; le second tient un oiseau sur un bâton; la petite fille joue avec un chien. Ce tableau a quelque rapport avec les grands ouvrages de Gonzales.

100. Dans un intérieur flamand, plusieurs personnes font de la musique; d'autres boivent et jouent aux cartes.

101. Portrait d'un lieutenant des gardes, du temps de Louis XIII.

102. La Vierge tenant Jésus sur ses genoux.

103. Sainte-Cécile improvisant; par Franck.

104. Paysage enrichi de figures, représentant des chasseurs qui passent devant la lisière d'un bois; par Achtschellincks.

105. Deux cygnes se reposant au bord d'une pièce

d'eau, sur le devant d'un paysage orné de ruines et de belles plantes.

Ce tableau, pour être d'un peintre inconnu, n'en est pas moins remarquable que les plus beaux ouvrages traités dans ce genre.

106. Un composé de toutes sortes d'ustensiles de cuisine, placés dans un hangar; par *Wyntranck.*

107. Paysage avec effet de clair de lune, genre de Vander Neer.

108. Vingt tableaux non catalogués seront vendus sous ce numéro.

Imprimerie de TROUSSEL, rue St.-Guillaume, 9.